ANNE DE BRETAGNE

DOCUMENTS INÉDITS.

CHOIX DE DOCUMENTS INÉDITS

SUR LE

RÈGNE DE LA DUCHESSE ANNE

EN BRETAGNE

PUBLIÉS PAR

ARTHUR DE LA BORDERIE

Archiviste-paléographe.

RENNES | PARIS
IMPRIMERIE DE CH. CATEL ET Cie | A. AUBRY, LIBRAIRE-ÉDITEUR
rue du Champ-Jacquet, 23. | rue Dauphine, 16.

1866

PRÉAMBULE

On a beaucoup écrit sur Anne de Bretagne, mais, par un hasard assez étrange, c'est justement la partie la plus curieuse de son histoire qu'on a le moins étudiée, par où j'entends son règne en Bretagne depuis la mort de son père (9 septembre 1488) jusqu'à son mariage avec Charles VIII (6 décembre 1491). Ce qu'il y a de curieux, de singulier, d'unique dans ce règne, c'est qu'il fut le gouvernement personnel non-seulement d'une fille, mais d'une enfant d'onze à quatorze ans, car Anne, on le sait, était née le 25 janvier 1477. Elle avait bien un tuteur, le célèbre maréchal de Rieux, désigné par le duc François II pour exercer la régence. Mais dès le commencement de 1489, ce tuteur la voulant marier contre son gré, rompit avec elle, et de régent devint rebelle. Depuis lors, et malgré une réconciliation survenue vers le mois de juin ou de juillet 1490, Anne de Bretagne gouverna vraiment elle-même, soit en personne, soit, ce qui revient au même, par des agents dont le choix fut son œuvre et auxquels d'ailleurs, loin d'en subir l'influence, elle imposa réellement sa volonté et sa direction.

Il y a mieux : ce règne d'une enfant, inauguré, poursuivi, achevé au milieu des circonstances les plus funestes et des difficultés les plus accablantes, les plus insurmontables, porte cependant la marque d'une énergie virile. C'est dire assez qu'il y a là un phénomène historique des plus remarquables, et auquel nos historiens bretons, sans parler des autres, sont loin d'avoir prêté assez d'attention. Au contraire, je ne sais pourquoi, mais en fait il est certain que le règne d'Anne de Bretagne (1488-91) est à peu près de toute notre histoire celui sur lequel nos Bénédictins, même D. Morice, ont, toute proportion gardée, publié le moins de documents. Frappé de cette anomalie déjà depuis quelque temps, j'avais le désir d'y remédier. Malheureusement aujourd'hui cela n'est pas facile, disons mieux, c'est impossible, et on ne peut plus que l'atténuer.

Les actes du gouvernement de la duchesse Anne se trouvaient principalement inclus dans la comptabilité des trésoriers de Bretagne et dans les registres de la chancellerie ducale. Depuis la Révolution les comptes des trésoriers sont détruits, et quant aux registres de chancellerie, ils n'existent plus que pour deux des trois années qui composent le règne de notre duchesse, — du 1ᵉʳ octobre 1489 au 1ᵉʳ octobre 1490, et de cette dernière date à la fin de septembre 1491. — Le premier registre, qui allait du commencement de septembre 1488 à octobre 1489, a entièrement disparu depuis la Révolution, et nos Bénédictins n'en ont rien cité; ils n'ont donné également des comptes de la trésorerie qu'un extrait fort court, tout à fait insuffisant.

Cependant, de ce qui nous reste il faut essayer de tirer parti, en publiant tout au moins les pièces les plus importantes restées jusqu'à présent inédites, et en s'attachant surtout à jeter quelque lumière sur les côtés, sur les faits les plus intéressants du gouvernement d'Anne de Bretagne, qu'on a trop laissés dans l'ombre.

Je ne prétends pas faire ici l'histoire de ce règne ; j'indiquerai seulement l'esprit dans lequel a été conçu le choix de pièces inédites dont nous publions ici la première partie.

Dès son avènement au trône, la jeune duchesse se trouvait en butte à des périls de tout genre. D'abord l'invasion étrangère : la moitié au moins des places de Bretagne étaient aux mains des Français, et pour lutter contre l'armée française exaltée par ses victoires, il n'y avait même plus d'armée bretonne. Et pourtant ce n'était pas le pire, car si les Bretons s'étaient tenus unis, ils eussent sans peine refait une armée et même — grâce à leur obstination si puissante — forcé l'étranger à lâcher prise. Mais la division était au comble parmi eux, de là vint leur ruine. D'abord il y avait les traîtres, passés, vendus aux Français, à la suite de Rohan, d'Avaugour et compagnie. Il y avait ensuite le parti de Rieux, qui prétendait faire d'Albret duc de Bretagne et contraindre la duchesse à l'épouser.

Le chef de ce parti, le maréchal de Rieux, était peut-être la meilleure tête, en tout cas le plus influent seigneur du duché ; mais dans le trouble universel des affaires, il avait le tort de se croire fait pour commander bien plus que pour obéir. Se trompait-il ? disons tout : ce n'était pas une âme commune, ce Rieux, ce n'était pas un cœur vénal comme Rohan et autres, qui ne cherchaient que le gain et faisaient litière de la Bretagne. Lui, au contraire, il avait vraiment la fibre bretonne, il était profondément patriote : brouillé avec la duchesse, il n'en combattit pas moins les Français à outrance ; réconcilié avec elle, il la servit jusqu'au bout très-fidèlement. S'il voulait d'Albret pour duc, c'était surtout pour écarter les deux autres prétendants, — le fils du vicomte de Rohan et Maximilien d'Autriche, roi des Romains, — dont il eût regardé le succès comme funeste à la Bretagne : Rohan à cause de sa trahison, autant livrer tout de suite le duché au roi ; Maximilien à cause de son éloignement, qui ne lui permettait guère (on le vit en effet) de soutenir efficacement les Bretons ; puis on craignait, avec sa puissance, son caractère despotique. D'Albret avait l'avantage de ne pouvoir en aucun cas faire un despote, d'être là sur les lieux, de s'être déjà bravement battu pour la cause bretonne, d'être tout prêt, une fois duc, à défendre son duché en désespéré, et aussi (il faut tout dire) à écouter volontiers les conseils de Rieux. Il est vrai qu'il était vieux, laid, ventru, couperosé, chargé d'enfants : tolérable comme duc peut-être ; comme mari, insupportable — surtout pour une belle jeune princesse de douze ans. Mais Rieux pouvait-il deviner Anne? pouvait-il croire que sa volonté à lui, impérieuse et inflexible, viendrait se briser contre celle d'une petite fille? C'est pourtant ce qui arriva. Le maréchal eut le tort de s'entêter, de rester plus d'un an sans reconnaître sa méprise ou sa faute ; cette division prolongée acheva de tout perdre. Ce qui n'empêche pas Rieux d'être une des physionomies les plus complexes et les plus originales de notre histoire, digne d'être étudiée de près, et qu'on ne doit pas, en tout cas, juger à la légère.

La plupart des grandes familles bretonnes suivaient le parti de Rieux, la bourgeoisie et la petite noblesse celui de la duchesse, qui avait pour âme le chancelier de Bretagne, Philippe de Montauban, brave guerrier, sage conseiller, serviteur ou plutôt ami dévoué, zélé, infatigable, et dont le nom doit justement partager tout le mérite de ce règne.

L'invasion française et les divisions intestines des Bretons avaient, outre leurs effets immédiats et nécessaires, de désastreuses conséquences.

D'abord elles forçaient la duchesse à chercher au dehors, près des nations étrangères, un appui contre l'ambition de la France et le mauvais vouloir d'une partie de ses sujets ; il y avait en Bretagne des corps d'armée anglais, espagnols, allemands (1). — Il fallait les payer, il fallait fournir à tous les frais d'une guerre très-coûteuse, et plus les frais montaient, plus il était difficile de faire de l'argent : car les parties du duché occupées par les Français ou par les adversaires bretons de la duchesse, ne versaient rien au trésor ducal (2); tout au plus pouvait-on les empêcher de payer aux Français ou aux rebelles ce qui n'était dû qu'à la souveraine légitime (3). — D'ailleurs, les sujets fidèles eux-

(1) Ces troupes étrangères n'étaient pas toujours bien vues des Bretons, même fidèles à la duchesse, comme le prouve cet extrait tiré des registres de la chancellerie : « Mandement, s'adressant à Guillaume Poullain et Franczois Madeuc, de loger en la ville de Moncontour partie de l'armée d'Espagne, sur peine d'encourir en l'indignation de la duchesse. Daté le 10e jour de novembre 1489. » (Reg. de la Chanc. de Bret. de 1489-90, fol. 24 v°).

(2) Les Bretons du parti de Rieux s'opposaient par la violence à la rentrée des recettes et deniers publics aux mains des agents de la duchesse, et il fallait souvent escorter ceux-ci à main armée, preuve : « Mandement, s'adressant au seigneur de Tissué, de mener et conduire ès partie de... (en blanc au registre)... les receveurs et commis de la duchesse pour faire la cueillette des deniers et finances, et ceux qu'il trouvera faire empeschement, les prendre et constituer prisonniers, et les amener en bonne et seure garde devers la duchesse. Daté du 26e jour de décembre 1489. » (Reg. Chanc. de Bret. de 1489-90, fol. 52 r°).

(3) 1490, 2 janvier. — « Deux mandemens de deffense aux subgetz de la Duchesse de non obéir ne aller aux plez ne délivrances qui ont esté assignez de par le Roy à tenir à Dinan ne à Fougères, ne aussi de non leur poier nulz ne aucuns deniers, rentes ne revenues des diz lieux et seigneuries, ne de leur porter nulz ne aucuns vivres, si n'est aux jours de marché comme l'ancienne coustume, sur peine, à ceulx qui feront au contraire, de rébellion et désobéissance et d'estre reputez crimeulx de lèze-magesté et comme telz pugniz. » (Reg. Chanc. de Bret. de 1489-90, folio 50 v°).

mêmes, ruinés par la guerre, étaient dans un triste état, et se voyaient souvent en butte aux exactions des troupes de tous les partis. De là, surtout pour les campagnes, une situation misérable qui faisait saigner le cœur jeune et bon de la princesse et, d'ailleurs, au double point de vue de l'humanité et de la politique, méritait une sérieuse attention.

Ainsi : — 1° la guerre contre la France et les relations avec les puissances étrangères, c'est-à-dire la politique extérieure; — 2° les difficultés créées à l'intérieur par les divisions intestines des Bretons; — 3° les embarras financiers; — 4° les mesures à prendre pour protéger le peuple, surtout celui des campagnes, contre la rapacité des soudards, c'est-à-dire contre la ruine et la misère, — tels sont les quatre points de vue auxquels il nous semble particulièrement intéressant d'étudier le gouvernement d'Anne de Bretagne, et auxquels aussi se rapportent les vingt pièces inédites publiées ci-dessous.

Toutefois, le premier de ces objets — la politique étrangère et la guerre avec la France — est celui que nos Bénédictins ont le plus éclairci; aussi n'avons-nous ici que deux pièces qui s'y rapportent, savoir, le n° Ier, qui nous montre, dès le mois de janvier 1489, la ville de Rennes brûlant sans regret ses faubourgs pour se mieux mettre en état de repousser l'attaque des Français, — et le n° III, qui nous donne la date précise de la publication en Bretagne de la paix de Francfort, traité important conclu en 1489 entre le roi de France d'une part, et de l'autre le roi des Romains et la duchesse Anne. Ce traité, promulgué au commencement de décembre même année, devait, selon l'espoir de notre princesse, fournir à la Bretagne le moyen de se reposer et de se refaire; quoique fort mal exécuté, il lui donna pourtant près d'un an, sinon de paix complète, du moins de tranquillité relative.

Quatre de nos pièces concernent les divisions intestines des

Bretons, spécialement la rébellion de Rieux et de d'Albret contre la duchesse. — Quelque temps avant sa mort, le duc François II, père de notre princesse, l'avait contrainte de promettre mariage à d'Albret; dès le 8 décembre 1488, elle protesta en forme authentique contre cette promesse extorquée par une violence morale (Trésor des chartes de Bretagne, arm. T, cass. B, n° 18); mais à peu près dans le même temps, d'Albret faisait fabriquer au nom de la duchesse une fausse procuration, et s'en servait pour solliciter à Rome, toujours au nom d'Anne, une dispense de parenté indispensable à la célébration de leur mariage. Dès que la princesse connut cette odieuse fraude, elle éclata, protesta contre ce faux, et rompit ouvertement avec Rieux et d'Albret. La date de cette rupture, quoique fort importante, n'était pas jusqu'à présent bien fixée; dom Lobineau (*Hist. de Bret.*, I, p. 795, § 71) la place vers le mois d'avril 1489; la pièce ci-dessous n° XI confirme assez bien cette conjecture, puisqu'elle montre, dès le mois de mai de cette même année, la rupture consommée, la duchesse déjà réfugiée à Rennes, et d'Albret faisant voler par ses hommes une grosse somme qu'on portait à la princesse. Le n° XIV concerne les protestations d'Anne de Bretagne contre la fausse procuration et toutes les démarches tentées à Rome par d'Albret pour arriver au mariage qu'il désirait tant. — Le n° XVI, du 6 mars 1490, prouve que Rieux faisait encore à cette époque une guerre très-vive aux partisans de la duchesse, et réfute ainsi les historiens (entre autres dom Morice) qui placent dès le mois de mars la réconciliation du maréchal avec sa souveraine, évènement accompli seulement en juin ou juillet suivant. — Le n° IX concerne le vicomte de Rohan, vendu, comme on l'a dit, aux Français, et nous le montre s'efforçant de lever sur ses vassaux des subsides destinés à soudoyer la guerre contre la Bretagne.

Six de nos pièces regardent les finances. — Le n° IV et le n° XV nous révèlent les expédients auxquels on était réduit : on y voit Anne engageant l'un de ses domaines et même vendant ses bijoux pour se procurer des fonds, indispensables au soutien de la guerre contre la France. Le n° XVII est une ordonnance en forme solennelle et délibérée en grand Conseil, ayant pour objet de mettre sur les sujets de la duchesse un *fouage* de 4 l. 10 s. par feu, destiné non-seulement à la guerre, mais aussi aux réformes et mesures diverses important au soulagement du peuple. Anne le dit expressément et même en des termes remarquables : « Comme aussi nous
« entendons aller par nostre pays et duché pour le voir et
« connoître, *et mettre ordre, police et provision aux oppres-*
« *sions, exactions et pilleries qui ont été et sont sur notre*
« *pauvre peuple*, et relever l'état et autorité de notre justice,
« *et y faire toutes choses à notre pouvoir que bon prince doit*
« *faire envers ses bons et loyaux sujets*, et ò l'aide de Dieu
« espérons y faire tel acquit que nosdits sujets connoîtront
« notre bon vouloir et désir : lesquelles choses ne pourrions
« faire sans promptement trouver deniers et finances, etc. »
Cette pièce contient encore d'autres clauses remarquables. Le fouage en question est décrété par la duchesse sur l'avis de son grand Conseil et sans le consentement des États; mais Anne de Bretagne déclare que si elle agit ainsi, c'est uniquement à raison de l'urgente nécessité et de l'impossibilité de réunir assez promptement les États; elle ajoute que la levée de ce fouage sera considérée comme une avance faite par les contribuables sur le paiement de celui que décréteront les prochains États, ce qui est évidemment le soumettre à la ratification de cette assemblée. On remarque aussi que, dans le Conseil extraordinaire qui ordonna ce fouage, la princesse avait pris soin d'appeler, non-seulement des gens d'église et de noblesse, mais aussi des délégués du tiers-état. Tout cela

prouve combien la monarchie représentative était dès cette époque enracinée dans les mœurs politiques de la Bretagne, et ce qui achève de le prouver, c'est que les États réunis en juillet 1490 furent effectivement appelés à ratifier cette imposition (1).

Cette pièce n° XVII est du 21 mars 1490; mais le besoin de fonds était si pressant que, dix jours après, le 31 mars, la duchesse dut emprunter une somme de 2,000 écus aux bourgeois de Rennes, en leur remettant pour gage plusieurs diamants, et imputant le remboursement de ce prêt sur le second terme du fouage qui devait être payé à la Pentecôte (voir ci-dessous, n° XX). — Quant aux deux pièces publiées sous les n°s XVIII et XIX, elles nous semblent de nature à intéresser les numismates : la première, du 22 mars 1490, donne les noms et fixe le cours de toutes les espèces d'or et d'argent, bretonnes et étrangères, alors reçues en Bretagne; l'autre, datée du 27 mars, ordonne de battre à la monnaie de Rennes « de grands blancs de Bretagne à 4 deniers de « loy et 6 sols 8 deniers de taille, qui auront cours à 10 de- « niers la pièce. »

Enfin, huit autres de nos pièces (n°s II, III, V, VI, VIII, X, XII, XIII), la plus ancienne du 27 octobre 1489, la plus récente du 6 février 1490, montrent l'active sollicitude de la duchesse Anne pour le soulagement du pauvre peuple. Ce sont des extraits de *mandements* ayant pour but de soustraire aux exactions variées des gens de guerre les habitants des paroisses de Néant, Tréhorenteuc, la Prénessaye, Cauluc, Bédée, Mohon, Taupont, Rannée, Visseiche, Moussé, Arbrissel, et aussi ceux de diverses paroisses (non dénommées) des environs de Vannes, que les chefs militaires voulaient contraindre à aller bêcher les douves de cette ville arbitrairement,

(1) Voir *Reg. de la Chancell. de Bretagne* de 1489-90, fol. 155 v°.

sans ordre des magistrats. — Il est bien vrai que notre n° X (20 janvier 1490), dont nous n'avons plus d'ailleurs le texte complet, porte rémission de certaines exactions commises par les gens de guerre, mais il excepte du moins les crimes graves, et d'ailleurs cette amnistie, assez naturelle, peut-être même nécessaire dans un moment où le récent traité de Francfort donnait lieu de croire au retour de la paix, n'empêcha point la duchesse de renouveler plus fortement et plus fréquemment peut-être que jamais, en l'année 1490, ses ordonnances, mandements et prescriptions pour la sûreté du peuple des campagnes. On le verra bien quand nous publierons la seconde partie du présent *Choix de documents*, et, pour le dire en passant, ce sont ces mesures, plus que toutes autres peut-être, qui expliquent et justifient avec éclat ce doux et glorieux surnom de *la bonne duchesse*, dont le peuple breton a sacré Anne de Bretagne.

Il ne nous reste plus à faire qu'une ou deux observations, sur la date et le texte de nos pièces. Sauf le premier, reproduit malgré sa date (14 janvier 1489) dans le registre de chancellerie d'octobre 1489 à octobre 1490, tous les documents ci-dessous se rapportent à l'espace compris du 27 octobre 1489 au 31 mars 1490; mais on sait qu'à cette époque le millésime de l'année ne changeait qu'à Pâques, et Pâques, en 1490, tombant le 11 avril, tous les actes du 1ᵉʳ janvier au 10 avril de l'année qui est aujourd'hui pour nous (dans ce qu'on nomme le *nouveau style*) 1490, doivent être en original datés (suivant le *vieux style*) de l'an 1489. Nous avons, bien entendu, laissé dans nos textes les dates en vieux style; mais en tête de chaque acte, et dans la note finale où est indiquée le jour du scellage, nous avons toujours converti cette date en nouveau style, pour éviter toute méprise : il ne faudrait donc pas voir là une contradiction.

Enfin, — il faut noter que les registres de la chancellerie de Bretagne ne reproduisent *in extenso* que les actes, ordonnances ou *mandements* les plus importants, et se bornent à analyser les autres, tantôt en grand détail et tantôt très-brièvement. Nous publions tel qu'il est le texte des registres : on verra que, sur les vingt pièces ci-dessous, huit seulement (n°s I, IV, VII, XV, XVI, XVII, XVIII et XIX) sont données *in extenso*, et le reste par analyse.

Arthur DE LA BORDERIE.

DOCUMENTS INÉDITS

I. (1)

LES FAUBOURGS DE RENNES BRULÉS A L'APPROCHE DES FRANÇAIS.

1489, 14 janvier. — Anne, par la grâce de Dieu duchesse de Bretaigne, comtesse de Montfort, de Richemont, d'Estampes et de Vertus, à touz ceux qui ces presentes lettres verront salut. Comme, — pour obvier aulx eminens perilz et dangiers, quelz estoint lorsque noz ennemys et aversaires deslogèrent au moys de janvier l'an mil quatre cens quatre vingtz ouict (2) leur ost et armée de Saint-Aulbin pour plus avant entrer en nostre pays, tendans le conquerir et à la totalle destruction de nous et de nostredit pays, se vantans, ainsi qu'il étoit tout notoire, venir loger leurdit ost et armée aux faux-bourgs de ceste nostre ville de Rennes, pour icelle prandre par

---

(1) Registre de la Chancellerie de Bretagne de l'an 1489-90, fol. 76.

(2) 1489 nouveau style.

puissance, si faire l'eussent peu, ou sinon endommaiger tout le pays d'environ, qui eust redondé à un merveilleux dommaige, — nous eussons, par avis et deliberacion de noz parens et de nostre grant Conseil, ordonné et deliberé touz les forsbourgs et, queque soit, la plus grant porcion de ceulx du costé devers l'abaye Saint-Melaine et monastère des Jacobins estre en toute dilligence brullez et arazez, à quoy ait esté procedé : esquelz forsbourgs brullez et arasez y eust cinq à six fours à cuyre pain, quelz servoient de jour en autre au bien de la chose publique de nostre ville et forsbourgs d'icelle, à l'aliement et substantacion de la grant multitude du peuple y affluant. Et voiant les capitaines et gens de guerre de par nous ordonnez à la garde de nostre dicte ville, avecques les gens d'eglise, nobles, bourgeois et habitans d'icelle, que en icelle nostre dicte ville y avoit bien moins que suffizant numbre de fours, en l'enclos d'icelle, pour servir à cuire si grand nombre de pain comme il estoit requis pour alimenter si grant numbre de peuple comme il estoit necessaire avoir en icelle nostre dicte ville pour la garder, si inconveniant de siège y avenoit, a esté par eulx advisé et deliberé que en une place froste à nous apartenant, nommée Cartaige, laquelle ne nous prouftoit chascun an comme riens, seroit par nostre bien amé Jehan Haguemar, lors nostre receveur de nostre recepte ordinaire de Rennes, acheté et poié les matières de l'un desdiz fours demoliz, avecques l'une des maisons ordonnées estre brullées, pour icelles matières et maison faire tout incontinant relever et de nouveau ediffier en ladicte place, dont la mise s'en feroit sur les deniers de nostre dicte recepte du temps à escheoirs, ainsi qu'il apiert par relacion qui lors en fut baillée au dit Haguemar, datée du xiiiie jour de janvier l'an mil iiiic iiiixx ouict, signée *de Champaigné*, l'un de noz secretaires et greffier d'office de nostre court de Rennes, etc..... Donné en nostre ville de Rennes le xxiie jour de janvier, l'an mil quatre cens quatre vingtz neuff.

Scellé à Rennes, le xxiie jour de janvier (1490).

II.

SAUVEGARDE POUR LES PAROISSES DE NÉANT ET DE TRÉHORENTEUC.

1489, 27 octobre. — Mandement s'adressant aux seneschal, alloué et procureur de Ploermel, de prohiber et deffendre, de par la Duchesse, au capitaine Nouel du Han, à present estant au chasteau de Comper, de non contraindre les parroessiens contributiffs à fouaige des parroesses de *Néant* et *Troherenteuc* de non leur porter vivres sans les poier raisonnablement, et auxdiz subgectz de non le faire, sur paine d'estre rebelles et desobeissans à la Duchesse, et comme telz estre pugniz. Daté le xxviie jour d'octobre. (Signé) Salmon.

Scellé à Rennes, le 27e jour d'octobre 1489.

III.

SAUVEGARDE POUR LES PAROISSES DES ENVIRONS DE VANNES.

1489, 28 octobre. — Mandement à Henry le Faulcheur, miseur de Vennes, et deffence aux gens estans par delà de non contraindre les parroesses d'environ à faire curer les douffves d'icelle [ville] fors par le commandement des officiers (3) de par delà. Daté le xxviiie jour d'octobre. (Signé) R. Leblanc.

Scellé à Rennes, le penultime jour d'octobre 1489.

---

(1) Reg. Chanc. 1489, fol. 15 v°.
(2) Reg. Chanc. 1489-90, fol. 18 r°.
(3) C'est-à-dire des officiers de justice.

IV.

LE GAVRE DONNÉ EN GAGE A LOUIS DE LORNAY.

1489, 31 octobre. — Anne etc. Comme, à l'occasion des guerres troubles et divisions qui ont esté et sont en nostre païs, tant ou vivant de feu mon très redoubté seigneur et père le Duc, que Dieu absolle, que dempuis son trespas, par les Franczois noz ennemys et adversaires, queulx et leurs adherez sans tiltre ne querelle ont en nostredit païs entré à port et puissance d'armes, y tiennent et occupent injustement pluseurs de noz villes, chasteaux, places, forteresses et grant partie du plat païs, où ilz ont pillé, ravy et oppressé, pillent et oppressent et ravissent les biens de noz subgectz, leur fait et font pluseurs autres execrables et infinitz maulx, tendans, si faire le pouoint, — que Dieu ne veille — nostredit païs et principaulté conquester : au moyen de quoy mondit seigneur et père et nous, chascun en son droit, ayons esté empeschez de la jouissance et perception de la pluspart de noz deniers et revenues tant ordinaires que extraordinaires, en telle [manière] que n'avons eu ne n'avons en nostre obeissance que bien petite porcion de nostredit païs, dont ne nous revient que bien peu de deniers, aiant regart aux grandes, extrêmes et excessives charges que avons necessairement à porter et soustenir, tant à l'entretenement des Almans estans en nostre service et autres gens de guerre que pluseurs noz autres urgens et requis affaires, affin de resister, reprimer et restreindre les iniques sedicions et entreprinses de nozdiz adversaires, queulx journellement par tout moyen ont tendu et tendent nous subjuguer grever et endommaiger, — l'entretenement desquelles choses n'a esté ne n'est à nous possible faire desdiz deniers ne autres que avons peu finer par alienacions et engaigemens que avons faitz d'aucunes de noz rentes et revenues et charge d'ypotheque sur autres noz heritaiges et seigneuries.

(1) Reg. Chanc. 1489-90, fol. 27 r°.

Et soit ainsi que à present les dictes necessités multiplient et augmentent tellement que ne ayons finances à fournir et satisfaire au poiement de nosdiz gens de guerre et autres noz exprès affaires, — ce que necessairement nous est requis avoir ou autrement tomber et choairs en merveilleux dommaiges et très dangereux inconveniens par le fait de nosdiz aversaires, — par quoy soyons tellement abstrains que ne pouons à present avoir ne recouvrer aucuns deniers pour fournir à ce que dit est, sans encore faire vendicion ou engaigement d'aucunes de noz rentes et seigneuries, et ayons fait charges avec pluseurs de noz subgectz et autres à trouver finances pour emploier et mectre ausdictes affaires, et ne ayons trouvé aucuns qui promptement nous aient peu secourir fors nostre cher et bien amé Louys de Lornay, seigneur de Lornay, cappitaine general desdiz Almans, qui en bonne experience et vertu s'est en touz endroiz, vers mondit seigneur et père et nous, demonstré par effect bon et loial serviteur, y a mis et emploié corps et biens, lequel a desir et singulière affection continuer son bon voulloir, congnoissant nosdiz besoigns et affaires, les dangiers et inconveniens où pourrions choairs par deffault de continuation de ladicte soulde, nous a dit avoir trouvé et chargé moyens d'emprunter avec d'aucuns ses amis jusques à la somme de sept mil escuz d'or, pour nous subvenir et les nous bailler à emploier en nosdictes affaires, moyennant que d'icelle somme le faisons assigner valablement en et sur nostre terre, seigneurie et chastellenye du Gavre (1) et appartenances d'icelle, et que luy en faisons decreter le contract en bonne seurté, o la condicion de la pouvoir avoir et recouvrer toutesfoiz et quantes que luy rendrons ladicte somme, et sans pouoir de ladicte terre et seigneurie, autrement que bon père de famille, faire coupper ny abattre aucuns des boays anciens d'icelle.

Sur quoy, après que de tout ce a esté fait remonstrance, presenz noz très chers et très amez cousins les prince d'Orange et comte de Dunoys, nostre chancelier, le sire de Coesquen grant maistre de nostre ostel, maistres Guillaume Guéguen nostre vichan-

---

(1) Le Gâvre, au diocèse de Nantes, près de la petite ville de Blain.

celier, Nicolas Dalier nostre seneschal de Rennes, Patry Mauny, Pierres Cojalu et Jehan Gibon noz conseillers, Laurens Parcs nostre tresorier de noz guerres, et chascun, queulx unicquement ont esté d'oppinion, aiant esgart à nosdictes charges et occupacions de nostre pays, souffertes et necessités où suymes constituez, — quelles ils ont dit estre toutes notaires, — que pour l'entretenement desdiz gens de guerre et autres nosdictes affaires convenablement pouons prandre lesdiz deniers et aliener ladicte seigneurie et chastellennye du Gavre pour la somme dessus dicte, o les divis et condicions dessus supposés, pour mettre lesdiz deniers esdictes affaires dessus declorez. Tout ce que dessur meurement avisé et consideré, par l'advis et deliberacion de nostredit Conseil, a esté dit, deliberé et ordonné que ledit contract en peult et doit estre fait de la forme, pour les causes, raisons et consideracions devant dictes. Et après qu'il a esté suffizamment informé que avions excedé l'age de doze ans et que suymes maindre de vingt, ainsi que mesmes par l'inspection et evidence de nostre personne peult aparoir, avons choaisy et esleu à nostre curateur nostredit cousin le prince d'Orange, affin seullement de faire ledict contract et ce que environ iceluy sera requis : lequel, en soy submectant et s'est submis à la jurisdicion, seigneurie et cohercion de la court et auditoire de nostredit Conseil quant ad ce, en a prins et accepté la curance et charge, a juré sur et en ce bien et deument se porter et acquicter, nostre proufflt et utilité faire et procurer, et éviter nostre dommaige à son pouoir, et ad ce à ypothèque et oblige luy et tout le sien. Et ainsi le fera, et en a mis à plege et caupcion pour luy le conte de Dunays, quel, o pareille submission que dessur, l'en a plevy et caupcionné, parceque nostre dit cousin le prince s'est obligé le en acquicter et garder de mal sans dommaige. Etc.... Donné en nostre ville de Rennes, ou manoir episcopal, le derroin jour d'octobre, l'an mil quatre cens quatre vingts neuff.

*Scellé à Rennes, le 12*ᵉ *jour de Novembre 1489.*

V.

SAUVEGARDE POUR LES PAROISSES DE LA PRÉNESSAYE ET DE LOUDÉAC.

1489, 12 novembre. — Mandement s'adressant aux officiers de Ploermel et aux sergentz de la Duchesse, de faire savoir et intimer à Jehannot des Prez et autres gens de guerre estans en la garnison du chasteau de la *Chèze* de non prendre ne exiger aucunes choses sur les parroessiens contributiffs à fouaige de la paroisse de la *Prenessaye*, et leur intimant que ce que ilz prandront sur lesdiz parroessiens leur sera rabatu sur leur soulde. Daté du xiie jour de novembre.

Autre pareil mandement pour les parroessiens de *Loudéac* et de pareil date. (Signé) J. Guichart.

Scellé à Rennes le 12e jour de novembre 1489.

VI.

SAUVEGARDE POUR LA PAROISSE DE CAULNE.

1489, 25 novembre. — Seurté durant ceste presente guerre pour les parroessiens contributiffs à fouaige de la parroesse de *Caune*, à troys lieues estante près la ville de Dinan : par quoy est deffendu à touz et chascun gens de guerre tenans le party de la Duchesse de non les courir, piller ne les prandre à prinsonniers, ne leur faire aucun mal ne ennuy, en corps ne en biens, en aucune manière. Daté du xxve jour de novembre. (Signé) G. Salmon.

Scellé devant Monseigneur le Vichancelier le 26e jour de novembre 1489.

---

(1) Reg. Chanc. 1489-90, fol. 24 r°.
(2) Reg. Chanc. 1489-90, fol. 33 r°.

VII.(1)

PUBLICATION DE LA PAIX DE FRANCFORT EN BRETAGNE.

1489, 3 décembre. — Anno etc. à noz lieutenant, mareschal, admiral, visadmiral, senneschaulx, allouez, bailliffs, provostz et procureurs, capitaines, chefz et conducteurs de gens d'armes, tant de noz ordonnances, ban, arrière ban, que de nostre artillerie, archiers, arbalestriers et autres gens de guerre estans en nostre service, gouverneurs et gardes de villes, citez, chasteaulx, forteresses, ponts, ports, passaiges, juridicions et destroitz, et touz autres noz justiciers ou à leurs lieutenans, salut. Comme entre Monseigneur le Roy, de sa part, et très hault, très puissant et très excellant prince, mon très honoré seigneur et cousin le roy des Romains, d'autre part, ait esté naguères fait et acordé à Francfort un traicté de paix, ouquel traicté nous, noz pays et subgectz soyons nommément comprins, ainsi que plus à plain est contenu en iceluy traicté, et par noz ambassadeurs que avons envoyez devers mondit seigneur le Roy ayons accepté ledit traicté de paix, et par ce moyen ayons nous, nosdiz pays et subgectz, avec mondit seigneur le Roy et les siens, bonne, seure et loiale paix, laquelle paix soit mestier et requis faire publier d'une part et d'autre : — pourquoy nous, voullans icelle paix loiaument garder et entretenir, confians que mondit seigneur le Roy fera le semblable, vous mandons et commandons et à chascun en droit soy que, ès villes, lieux et endroiz acoustumez à faire bannies et proclamacions, vous faictes lire et publier en la manière acoustumée le contenu de ces presentes, en deffendant à touz noz gens de guerre et autres que, sur paine d'estre pugniz comme infracteurs de paix, ilz n'entreprenent d'icy en avant aucune chose par voye de hostillité et guerre contre mondit seigneur le Roy et ceulx de son party. Car il nous plaist. Donné en nostre ville de Rennes, le troysiesme jour de Decembre l'an mil quatre

---

(1) Reg. Chanc. 1489-90, fol. 40 v°.

ceus quatre vingts neuff. Ainsi signé, ANNE. Par la Duchesse, de son commandement : le prince d'Orange, le vichancelier, les seneschaulx de Rennes et de Vennes, le chantre de Nostre-Dame de Nantes, les capitaines Johan de Louan, Morteraye, Villespern, le conterolle-general, les maistres de requestes et autres presens. (Signé) G. DE FORETZ. Et scellé du sceau de la chancellerie.

VIII. [1]

SAUVEGARDE POUR LA PAROISSE DE BÉDÉE.

1490, 13 janvier. — Mandement de justice pour les parroessiens de *Bedlescq* (2), s'adressant à missire Gilles de Coetlogon, provost des mareschaulx, ses lieutenans et chascun, de faire prohibicion et deffence de par la Duchesse à Pierre Jarnouin, tant en sa personne que par ban, de non contraindre ne compeller en l'avenir lesdiz parroessiens de luy tailler, esgailler, ne faire poiement d'aucunes sommes de monnoie, et aussi ausdiz parroessiens de non le faire, et luy faire injoncion et commandement de rendre et restituer ausdiz parroessiens ce qu'il a exigé et receu desdiz parroessiens, sur paine d'estre reputez rebelles et desobeissans, et comme telz estre pugniz. Daté le XIIIe jour de janvier. (Signé) R. Leblanc.

Scellé à Rennes, le 15e jour de janvier (1490).

IX. [3]

INTERDICTION D'UN BILLOT LEVÉ SANS LA PERMISSION DE LA DUCHESSE.

1490, 16 janvier. — Mandement adressant au premier sergent general ou particulier sur ce requis, d'ajourner à terme compec-

---

(1) Reg. Chanc. 1489-90, fol. 66 r°.
(2) Bédée.
(3) Reg. Chanc. 1489-90, fol. 68 v°.

tant devant la Duchesse et son Conseill touz et chascun les vendans vin par mynu et détaill es comté de Porhoët et vicomté de Rohan, lesqueulx se sont [avancés] et avancent à faire billot sur lesdiz vins sans congé et licence de la Duchesse. Daté du quart jour de janvier. (Signé) R. Leblanc.

Scellé devant Monseigneur le Chancelier, le 16 jour de janvier (1490).

X. (1)

RÉMISSION POUR LES GENS DE GUERRE.

1490, 20 janvier. — Rémission pour lesqueulx qui ont tenu le party de la Duchesse de avoir prins des vivres et autres choses sur les subgeotz de la Duchesse, reservé des cas de murtre, bruslement de maisons, forcement de femmes, conduit et guidé les Françoys lors adversaires, pourveu que dedans ung moys ilz se feront enregistrer ou registre de la chancellerie. Daté du xx° jour de janvier. (Signé) Salmon.

Scellé le 22° jour de janvier, à Rennes (1490).

XI. (2)

VOL COMMIS PAR LES GENS DU SIRE D'ALBRET.

1490, 25 janvier. — Mandement s'adressant aux gens de la Chambre des Comptes de allouer et passer ès comptes de Jehan de Lospinay, tresorier général, la somme de ouict mil troys [cens] vingt cinq livres, gros à xv deniers pièce, qu'il a baillé pour employer ès affaires de la Duchesse par les sommes qui ensuyvent, savoir : deux mil escuz d'or à cent soulz gros, qu'il a poié aux Alamans pour [le moys] d'Avril derroin, et sur leur soulde du moys de May ensuivant xiii° l. dicte monnoie, escu à cent solz. Item *deux mil*

---

(1) Reg. Chanc. 1489-90, fol. 73 v°.
(2) Reg. Chanc. 1489-90, fol. 82 r°.

escuz d'or, que les clercs dudit tresorier aportant en ceste ville de Rennes furent rencontrés par les [gens] d'armes du sire d'Albret, lesqueulx deux mil escuz estoint pour subvenir aux affaires de la Duchesse, lesqueulx gens ostèrent esdiz clercs. Item oudit moys de may furent troys de ses clercs prins et detenuz prinsonniers à Moncontour et furent ranczonnez me l. dicte monnoie. Qu'est en somme lesdiz ouict mil troys cens xxv l., gros à xv deniers comme dit est. Daté le xxve jour de janvier.

Scellé devant Monseigneur le Chancelier, le 27e jour de janvier (1490).

XII. (1)

SAUVEGARDE POUR LA PAROISSE DE MOHON.

1490, 30 janvier. — Deffense de non contraindre les parroessiens de Mohon à la besche à Rennes, pour tant qu'ilz sont à distance de plus de dix lieues, et deffense aux gens de guerre de non prandre aucuns vivres sur lesdiz parroessiens sans les poier. Daté du penultime jour de janvier.

Scellé à Rennes, le derroin jour de janvier (1490).

XIII. (2)

SAUVEGARDE POUR LES PAROISSES DE TAUPONT, RANNÉE ET AUTRES.

1490, 6 février. — Deffense au sire de Tissué, Nouel du Han et leurs gens de guerre, estans ès garaisons de Jocelin et Comper, de non prandre en la parroisse de Taupont aucuns vivres sans les poier roisonnablement, et de non prandre ne lever aucuns deniers finance ne apastilz (?) Daté du vie jour de feuvrier. (Signé) Laville.

Autre pareille deffense aux gens de guerre estans à Marcillé, sur

---

(1) Reg. de la Chanc. de 1489-90, fol. 84 r°.
(2) Reg. Chanc. 1489-90, fol. 86 r°.

les parroessions des parroesses de *Rennée, Vicseche, Moucé,* et *Eurbessee* (1). Daté du vɪᵉ jour de fevrier. (Signé) G. Salmon.

Scellé devant Monseigneur le Chancelier, le 6ᵉ jour de fevrier (1490).

XIV.(2)

PROCÈS ENTRE LA DUCHESSE ANNE ET LE SIRE D'ALBRET.

1490, 10 février. — Mandement s'adressant au tresorier général de poier et bailler à maistre Guillaume Le Bourgne les sommes qui ensuivent, qui luy sont deuz pour les causes cy après declerées. Savoir : pour troys pipes de vin par avant le deceix du feu Duc, pour la despense de sa maison, la somme de dix ouict escuz. Item, pour ung cheval qu'il bailla du commandement de la Duchesse au herault d'Angleterre, la somme de dix escuz. *Item, pour la mise qu'il a faicte pour la conduicte du procès et intimacion de la réclamacion du mariaige que le seigneur d'Albret disoit et se vantoit avoir fait avec la Duchesse.* Daté le ouictiesme jour de feuvrier. (Signé) J. Guihart.

Scellé devant Monseigneur le Chancelier, le 10ᵉ jour de fevrier (1490).

XV.(3)

LES BIJOUX DE LA DUCHESSE VENDUS POUR SOUTENIR LA GUERRE.

1490, 27 février. — Anne etc. à touz etc. salut. Comme par avant ces heures ayons pryé et donné charge à nostre cousin le conte de Dunoys de retirer et recouvrer des mains de Guillaume de Susplenville et touz autres les bagues cy après déclairées, savoir : une grosse poincte de dyamant à pluseurs carrez tirant sur le jaune, enchâssée en ung chaton d'or, et une fleur-de-Marie pen-

(1) Rannée près La Guerche, Visseiche, Moussé, Arbrissel.
(2) Reg. Chanc. 1489-90, fol. 91 rᵒ.
(3) Reg. Chanc. 1489-90, fol. 94 rᵒ.

dant en une petite chaisnecte, pesant ensemble une once ung gros et demi. Item ung cuour de dyamant plat dessus et desoubz, à pluseurs faces, enchassé en ung chaton d'or en une fleur-de-Marie, pesant sept gros ung denier. Item une seye d'or où a troys dyamans en escusson et l'un à feste, ung gros ruby au milieu, et sept petites tablettes de diamant, et quatre perles pendantes, une grosse perle ronde à ung petit perthuys qui fut à Johan de Beaune, lesquelles avoient esté baillées en gaige et pour seurté de certaines sommes de finances à nostre cher et bien amé Johan Boudet qui les avoit baillées audit de Suplenville. Savoir faisons que nous, considerans les grans affaires et charges que presentement avons, au moyen de quoy nous est requis avoir et recouvrer presentement finances, à plain nous confians ès sens et bonne loiaulté envers nous de nostredit cousin de Dunays et de ses conduicte et dilligence, à icelui avons donné et donnons par ces presentes planière puissance et auctorité de engaiger ou vendre les dictes bagues à telles sommes et pour tel prins que mieulx à nostre proufit il regardera et congnoestra estre à faire, tout ainsi que nous mesmes faire le pourrions ; promectant et promectons avoir ferme et agreable ce que par nostredit cousin en sera fait, sans jamais en faire revocacion ne aller au contraire. En tesmoign de ce nous avons signé ces presentes de nostre main et fait sceller de nostre seel. Donné en nostre ville de Rennes, le xxvII^e jour de fevrier l'an mil IIII^c IIII^{xx} neuff. Ainsi signé, ANNE. Par la Duchesse, de son commandement, (signé) G. de Forestz.

Scellé à Rennes, le derroin jour de fevrier (1490).

XVI.[1]

GUERRE ENTRE LE SIRE DE RIEUX ET LES AMIS DE LA DUCHESSE.

1490, 6 mars. — Par devant la Duchesse, à Rennes, le septiesme jour de Mars, l'an mil IIII^c IIII^{xx} neuff, presens le sei-

[1] Reg. Chanc. 1489-90, fol. 100 r°.

gneur de Moille, le chantre de Nostre-Dame de Nantes, le seneschal de Rennes, de Lamballe, maistre Guillaume Le Borgne et autres presens, fut ouvert le seau qui estoit clos soubz le sing du vichancellier, et seellé la lectre qui ensuilt.

Anno etc, à touz etc. salut. Comme il soit venu à nostre congnoessance que puix nagueres de temps *le sire de Rieux,* se disant et portant nostre lieutenant general, ait en celuy nom entrepins guerre à port d'armes *et en maniere hostille allencontre de nostre très cher et très amé cousin et feal le sire de Rays,* en la continuacion de laquelle entreprinse ait iceluy de Rieux, par luy et les gens de guerre de sa suyte et adhésion, fait prendre pluseurs des gens de guerre de la charge de nostredit cousin de Rays, lesqueulx il avoit de nous et à nostre solde pour la surté et de nous et de nostre pays, et entre autres Simon Villemorel, Bertrain du Perche, Jehan de Marens, Henry de Coué, Louys de Bouillier, Thomas du Buysson, La Gasteliniere et Montmarteau, hommes d'armes; Jehan Millet et Symon Guyboureau, archiers ; lesqueulx iceluy de Rieux et ceulx qui les ont prins ont detenuz comme s'ilz feussent ennemys et prinsonniers de bonne guerre; et par avant les voulloir meettre hors de leurs mains et de la prinson et contraincte en quoy ilz les detenoient, ait convenu par necessité esdiz nommez promectre poyer ranczon et bailler plèges de ce, avec bailler leur foy de retourner à ladicte prinson dedans certain temps, ou cas qu'ilz ne fourniroint au poiement des deniers de ladicte ranczon ;

Savoir faisons que nous, ce que dessus consideré, et que audit de Rieux, qui est nostre vassal et subgect et qui n'estoit et n'est nostre lieutenant-général, comme il s'est dit et porté et encores dit et porte, ne appartenoit ne appartient, ne à aultres noz subgectz et tenans nostre party, entreprandre guerre ne faire invasion à puissance d'armes allencontre de personne quelcoinque sans nostre commandement et exprès congié et licence, et principallement sur noz subgectz, serviteurs et tenans nostre party, comme sont lesdiz nommez, lesqueulx avons tousjours tenuz et tenons envers nous bons et loyaulx, — ne voullans telz esplectz ainsi scandaleux et contraires à nostre auctorité et seigneurie souveraine avoir lieu ne sortir à aucun effect, ainczoys les reprimer, avons desavoué et desavouons ledit de Rieux et ceulx de sa dite suite et adhésion de l'esploct et prinse desus declairez, qu'ilz ont dit et vouldroint dire avoir fait de par nous et soubz nostre auctorité, — et de nostre certaine science et planiere puissance avons rejecté, révocqué et anullé, révocquons, rejectons et anullons par ces presentes toutes et telles obligacions, foy et promesse, en quoy se sont ou peuvent estre mis et constituez lesdiz nommez et chascun et autres pour eulx par maniere de plège et caucion ou autrement à ladite cause, et les en avons quictez et quictons par ces dictes presentes, en declairant et declairons que ledit de Rieux et les gens de sadicte suyte et adhésion n'estoint cappables de prandre foy de nos diz subgectz et gens de nostre ordonnance et tenans nostre party, ne de les mectre à ranczon, aincezoys estoint et sont inhabilles quand ad ce. Et d'abundant avons relevé et relevons par lesdictes presentes les dessus nommez et chascuns des dictes obligacions foy et promesses, sans ce qu'ilz puissent estre aprehandez ne reprins de leur estat et honneur; en prohibant et deffendant, prohibons et deffendons par cesdictes presentes audit de Rieux et à touz autres noz subgectz et gens de guerre qui sont à nostre solde et service, ou tenant nostre party, sur poine de rebellion et desobeissance envers nous et d'en estre pugniz comme telz, de non poursuir querelles ne aucune chose demander auxdiz nommez, leursdiz plèges ou l'un d'eulx à la cause surdicte, et aux dessus nommez de non y obéir. Et s'aucuns d'eulx sont trouvez faisans au contraire, mandons et commandons à touz nos capitaines, gens de guerre, justiciers, officiers feaulx et subgectz, les prandre et saesir des corps reaument et de fait, et les randre prinsonniers soubz bonne et seure garde et sans recreance en noz prinsons, pour en estre la justice faite telle que apartendra. Car tel est nostre plaisir. Donné en nostre ville de Rennes, le vi° jour de Mars, l'an mill IIIIᶜ IIII^xx et neuff. Ainsi signé, ANNE. Par la Duchesse, de son commandement, G. de Forestz. Et scellé du seau de la chancellerie en cyre roge.

XVII.[1]

FOUAGE OU SOULDAY DE QUATRE LIVRES DIX SOLS PAR FEU.

1490, 21 mars. — Anne etc. à touz etc. Comme par avant ces heures nous eussions avisé et ordonné tenir nos Estatz pour faire aucunes remonstrances aux gens d'iceulx touchant la seureté, estat et bien de nous et de la chose publique de nostre pays et duché, et avoir sur les choses qui seroint à deliberer et conclure leur advis et oppinion : à laquelle assignacion, au moyen des differens et divisions qui se sont trouvez en nostredit pays, mesmes pour les dangiers qui estoint sur chemyn, et les empeschemens qui leur furent faitz, le tout des gens de nosdiz Estatz ne se rendirent ne comparurent à l'assignacion qui en estoit faite. Et pour obvier aux inconvenions et empeschemens que poussent avoir lesdiz gens de nosdiz Estatz, avisasmes les superceder jusques à autre temps, et combien que encores à present desirions bien tenir nosdiz Estatz affin de leur communiquer nosdictes matieres et affaires, toutesfoiz, considerans que promtement ne pouvons pas les assembler, et nous est requis et très necessaire pour le bien, estat et seureté de nous, nostre pays et duché et de la chose publique d'iceluy, presentement envoier en ambassade de bons, grans et notables personnaiges devers pluseurs roys et princes noz parens, amys et alliez, et entre autres devers les roy et royne d'Espaigne, des Romains et d'Angleterre, tant pour l'entretenement des bonnes et grandes confederacions et alliances et entrecours de marchandie, qui tousjours ont esté et sont entre eulx, leurs pays, terres, seigneuries et subgectz et nous et les noustres, que pour leur communiquer et declairer de nos matieres et affaires et les remercier des bonnes declaracions qu'ilz ont faictes envers nous, comme de nous avoir envoié les bons et grans secours de gens d'armes, ainsi qu'ilz ont fait, pour expulser hors noz ennemys

---

(1) Reg. Chanc. 1489-90, fol. 105 r°.

et adversaires et nous remettre en l'auctorité et obeissance de nostredit pays et duché, et avoir prins noz matieres et affaires à cueur comme les leurs propres, dont par honneur et raison de piecza dussions avoir fait, ce que nous a esté chose inpossible, obstant les grandes neccessitez en quoy nous avons esté et suimes constituez tant par le fait des guerres et divisions qui ont eu cours en nostre dit pays, que par l'empeschement, rebellions et desobeissances qui nous ont esté et encores à present sont faictes et soutenues par plusours noz desloyaulx et desobeissans subgectz et autres leurs adherez, sur la cuillecte et levée de noz deniers tant ordinaires que extraordinaires.

Mesmes nous est requis entretenir plusours et grant numbre de gens de guerre estans en nostre service, lesqueulx nous ont suyvyz et residé environ nostre personne pour la garde et seurté d'icelle et de nostre pays et duché, et que de plus en plus en avons à besoingner pour les entreprinses que congnoessons de jour en autre estre faictes sur nostredicte personne, tant par nosdiz desloyaulx subgectz et autres tenans leur party que de plusours autres tendans à nous mectre en leur subgection (1). Aussi que entendons aller par nostre dit pays et duché pour le veoir et congnoestre, et mectre ordre, pollice et provision aux oppressions, exactions et pilleries qui ont esté et sont sur nostre pauvre peuple, et relever l'estat et auctorité de nostre justice, et y faire toutes choses à nostre pouvoir que bon prince doit faire envers ses bons et loyaulx subjectz, et o l'ayde de Dieu esperons y faire tel acquict et devoir que nosdiz subgectz congnoestront nostre bon voulloir et desir, lesquelles choses ne pourrions faire ne conduire sans promptement trouver et recouvrer deniers et finances.

Et à celles causes, ayant assemblé plusours des seigneurs de nostre sang et de noz bons, vroys, et loyaulx subgectz et serviteurs, tant barons, bannerez, chevaliers, nobles, gens de chapitre et de bonnes villes et autres, pour sur ce avoir leur advis et oppinion, savoir faisons que nous, lesdictes choses considerées, et pour autres causes à ce nous mouvans, avons aujourd'uy, de noz aucto-

(1) Allusion fort transparente aux entreprises des sires de Rieux et d'Albret.

rité et planiere puissance, et par le conseil, advis et deliberacion des dessurdiz, en nostre grant Conseil, ordonné et ordonnons par ces presentes un soulday de quatre livres dix solz monnoie par feu, et les droitz de douze deniers par livre, le tout à la monnoie que avons nouvellement ordonnée, sur touz et chascun noz subgectz de cedit pays contributiffs à fouaige, et iceluy estre levé par nostre tresorier et receveur general, ses commis et deputez, pour lesquelx il respondra sur nosdiz subgectz par les termes qui ensuyvent, savoir, à Pasques prouchain venant cinquante sols, et le parssur qu'est quarante soulz à la Penthecoste prouchaine venante, en déduizant et à valloir à nosdiz subgectz sur la finance qui sera advisée et ordonnée, pour le bien de nous et de la chose publicque de nostre dit pays, à nos diz prouchains Estaz. Lequel solday de IIII livres x soulz dicte monnoie, avec lesdiz droitz de doze deniers par livre dicte monnoie, mandons et commandons aux parroessiens de chascune parroesse de nostre dit pays subgectz ausdiz fouaiges tailler et esgailler par entre eulx, le fort aydant au foible, sellon le grant numbre des feuz que chascune parroesse est rapportée contributive ausdiz fouaiges à la Chambre de nosdiz Comptes, et iceluy faire lever par un ou deux des plus puissans et suffisans de chascune parroesse, et le poier à nostre dit tresorier ou ses diz commis par et ès termes dessus declerez comme dit est, la quictance desqueulx voullons leur valloir acquit et descharge. Voullans et voullons que iceluy solday, en le poyant comme dit est, vaille acquict et descharge ausdiz contributiffs sur lesdictes finances que ordonnerons à nosdiz prochains Estaz comme dit est. Mandans oultre et commandans à nostredit tresorier et autres receveurs qui auront charge d'iceulx finances recevoir, ainsi le deducer et rabatre ausdiz contributiffs à fouaige, et à noz bien amez et feaulx conseilliers les gens de la Chambre de noz Comptes le allouer et passer en clerc mise et descharge à chascun, si comme à luy apartendra et mestier en aura. Car il nous plaist. Donné en nostre ville de Rennes, le xxi⁰ jour de Mars, l'an mil IIII⁰ IIII^{xx} neuff.

Scellé à Rennes le 26⁰ jour de Mars (1490).

XVIII.

ORDONNANCE TOUCHANT LES ESPÈCES D'OR ET MONNOIES. [1]

Anno etc.... à touz etc... Comme par cy devant pour plusœurs causes et consideracions à ce nous mouvans, eussons donné cours et pris à monnoie d'or et d'argent tant de nostre coign que autres espèces qui avoient cours en iceluy nostre pays, savoir :

Escuz d'or de roy et de Bretaigne, 50 s.; escuz de France ou soulail, 51 s. 8 d.; saluz, ducaz et rides, 55 s. 4 d.; flourins de Rin au monde et aux trois alliances, 59 s. 2 d.; flourins d'Utreict, 37 s. 6 d.; nobles à la roze, 6 l. 5 s., les demis et les quarts à l'équipolant; angeloz d'Angleterre, 4 l. 3 s. 4 d.; nobles de Henry, 106 s. 8 d., les demis et les quarts à l'équipolant; vieux escuz, francs à pié et à cheval, 57 s. 6 d.; postulaiz (2), 22 s. 6 d.; escuz de Guyenne, 48 s. 4 d.; escuz de Faix et de Savoye, 46 s. 11 d.; gros d'argent, 4 s. 6 d.; gros neufs derroinement faitz, 15 d.; targes, 18 d.; chappelez, 12 d.; gros d'Angleterre, 4 s. 2 d.; blancs ou soulail, 18 d.; blancs de France nommez unzains, 17 d.; blancs de France au le......, 14 d.; plaquars (3) et gros de Flandres, 3 s. 6 d., les demis à l'équipolant; placques vieilles de Flandres, 1 s. 10 d.; hallebardes, 7 d.; gros de Millan, 15 s. 4 d.; blancs de Bourbon et Savoye, 13 d.; vaches de Bierne et de Faix (?), 15 d.; doubles noirs, 2 d.; demis noirs, 1 d.

Et [comme] eussons fait prohibicions et deffense à touz nos subgectz et autres estans en nostre service, marchans forains et autres quelxcoinques estans en iceluy nostredit pays, de non à plus hault ne maindre pris lesdictes espèces d'or et monnoies mettre, recepvoir ne bailler, sur peine de confiscacion de corps et de biens; — et pour ce que à présent avons ordonné estre fait

---

(1) Reg. Chanc. de 1489-90, fol. 102 r°. — Le titre de cette pièce est au registre, comme nous le donnons ici.

(2) (Sic), portulais, portugalais?

(3) Ou placques.

nouveau pyé de monnoie de plus fort loy, taille et cours que les précédantes monnoies n'ont esté par devant ouvrées et monnoyées en noz monnoies, au moyen de quoy est requis bailler pris et cours èsdictes espèces de monnoies d'or et d'argent, selon et à l'équipolant dudit pié nouveau; — avons au jour d'uy, par advis et deliberacions de nostre Conseil, donné pris et cours èsdictes espèces de monnoies d'or et d'argent en la forme qui ensuit, savoir :

Escuz de roy et de Bretaigne, 29 s. 2 d.; escuz au soulail, 30 s.; salutz, ducaz et rides, 31 s. 3 d....... pour ducat et demy; vieulx escuz, francs à pié et à cheval, 33 s. 4 d.; royaulx d'or, 32 s. 6 d.; lyons d'or, 36 s. 5 d.; flourins de Rin de Sainct-André et au monde, 23 s. 6 d.; duchaux, flourins d'Utrelet et flourins d'Aragon, 24 s. 3 d.; nobles à la roze, 72 s. 6 d., les demis et les quarts à l'équipolant; angeloz d'Angleterre, 48 s. 4 d., les demis à l'équipolant; escuz de Guyenne, 28 s. 4 d.; escuz de Faix et de Savoye, 27 s. 6 d.; castilaignes et vieilles henriques d'Espaigne, 40 s., les demis à l'équipolant; postulaiz, 13 s. 9 d.; nobles de Henry, 62 s. 6 d., les demis et les quars à l'équipolant; gros vieulx de Bretaigne d'argent, 2 s. 6 d.; gros derroinement faitz, 7 d.; targes vieilles et neuffves, 10 d.; capeletz, 7 d.; blancs de France nommez umzains et dozains, 10 d.; vaches de Bierno et de Faix, blancs de Savoye et de Bourbonnays, 8 d.; karoluz nouvellement faitz en France, 8 d.; gros d'Angleterre, 2 s. 6 d.; gros de Flandre, vieulx et neuffs à deux lyons, 2 s., les demis à l'équipolant; placques vieilles de Flandres, 13 d.; demyes placques, 6 d.; hallebardes, 4 d.; doubles noirs, 2 d.; demis noirs, 1 d.

Et toutes autres espèces de monnoies, tant d'or que d'argent, avons deffendu de non leur donner cours et les reduire à billon. En prohibant et deffendant, prohibons et deffendons par ces presentes à touz noz subgectz et autres quelxcoinques, de quelque estat, nacion ou condicion qu'ilz soient, de non en l'avenir mettre, recevoir ne bailler cours ès dictes espèces de monnoies d'or et d'argent à autre pris que celuy par cy devant par nous statué et ordonné, sur haine de confiscacion de corps et de biens : sachans ceulx qui seront reprins avoir fait ou faire au contraire, que celles peines sur eulx et chascun ferons à la rigueur exécuter sans nul en estre espargné. Si donnons en mandement etc............

Donné en nostre ville de Rennes le XXII° jour de mars, l'an mil IIII°° IIII°° neuff. Ainsi signé, ANNE. Et scellé du sceau de la chancellerie, en cire rouge.

XIX.

AUTRE ORDONNANCE TOUCHANT LES MONNAIES. (1)

1490, 27 mars. — Anne etc. à noz bien amez et féaulx les maistres general et particuliers, gardes, provostz, ouvriers, monnoyers, et autres officiers de noz monnoyes, salut. Pour ce que, pour le bien et utillité publique de nous, noz pays et subgectz, est besoign faire nouveau pié de monnoye, pour faire batre, ouvrer et monnoyer en nosdictes monnoyes grande quantité de monnoyes d'argent à certain pié et loy; et après avoir eu sur ce les avis et oppinions de pluseurs gens d'estat en ce congnoessans, avons, par avis et déliberacion de nostre Conseill, voullu et ordonné, voullons et ordonnons par ces présentes estre en nosdictes monnoyes de Rennes ouvré et monnoyé monnoye d'argent en la fourme qui ensuilt; savoir : grans blancs de Bretaigne à quatre deniers de loy et six solz huit deniers de taille, aux remedes acoustumez en loy et tailles, qui auront cours à dix deniers la piece. Et donneront lesdiz maistres aux marchans de soult de loy alloyé à ladicte loy 9 l. 9 s. 7 d. dicte monnoye, et auront lesdiz maistres pour chascun marc d'ouvré, 3 s. 4 d. Laquelle tout incontinant faictes batre, ouvrer et monnoyer en nosdictes monnoyes de Rennes. En vous mandant et mandons expressément et à chascun de vous comme à luy apartient, faire incontinant vacquer et besougner à l'ouvre de nosdictes monnoyes sellon l'ordonnance dessurdicte, duquel ouvraige qui ainsi sera fait et ouvré en nosdictes monnoyes rendront lesdiz maistres particuliers compte du seigneuriaige et eschareeté

(1) Reg. Chanc. de 1489-90, fol. 100 v°.

des poys et loy, sellon les pappiers desdiz gardes et les deniers des bouëtes qui seront présentées à la Chambre de noz Comptes, quand lesdiz maistres particulliers y seront mandez pour en compter, à ce apellé vous, dit general maistre. Si vous mandons et commandons et à chascun de vous, si comme à luy apartendra, tout incontinant cestes presentes veues, vacquez et besougner à l'ouvre des dictes monnoies sellon les ordonnances cy devant declairées, et aux officiers des dictes monnoies, ouvriers et monnoyers et à touz autres noz féaulx et subgectz en ce vous estre obéissans et dilligeaument entendans. Car tel est nostre plaisir. Donné en nostre ville de Rennes, le xxviie jour de Mars, l'an mil iiii^c iiii^{xx} neuff. Ainsi signé, ANNE. Par la Duchesse de son commandement. (*Signé*) G. de Forestz. Et scellé du seau de la chancelerie en cire rouge.

XX.(1)

PRÊT DE 2,000 ÉCUS FAIT A LA DUCHESSE ANNE PAR LES BOURGEOIS DE RENNES.

1490, 31 mars. — Mandement contenant comme la Duchesse, pour le prest et avance de deux mil escuz que luy font les bourgeois de Rennes, baille en gaige ès mains de Pierres Becdelievre *une grosse pointe de dyamant en une roze d'or esmaillée de rouge cler*, et pour poiement de ladicte somme, leur assigne les deniers du second terme de ce present soulday de quatre livres dix soulz en l'evesché de Rennes, qui est de quarante soulz, payable à la Penthecoste, et leur donne les droitz de doze deniers par livre. Daté du derrain jour de Mars. (Signé) G. de Forestz.
Scellé à Rennes, le derrain jour de Mars (1490).

(1) Reg. Chanc. 1489-90, fol. 108 r°.

www.ingramcontent.com/pod-product-compliance
Lightning Source LLC
Chambersburg PA
CBHW060714050426
42451CB00010B/1435